HISTOIRE
D'UNE
JEUNE FILLE
SAUVAGE,

Trouvée dans les Bois à l'âge de dix ans.

Publiée par Madame H....

A PARIS.

M. DCC. LV.

AVERTISSEMENT.

LE Mercure de France du mois de Décembre 1731 fait mention d'une jeune Fille sauvage trouvée dans le bois de Songi, près Châlons en Champagne. Voici ce que j'ai pû recueillir de plus certain sur son Histoire, tant par les questions que je lui ai faites en différens tems que par le témoignage des personnes qui l'ont connue quand elle commença à parler François.

HISTOIRE
D'UNE
JEUNE FILLE
SAUVAGE.

A U mois de Septembre 1731, une fille de neuf ou dix ans preſſée par la ſoif, entra ſur la brune dans le Village de Songi, ſitué à quatre ou cinq lieues de Châlons en Champagne, du côté du midi. Elle avoit les pieds nuds, le corps couvert de haillons & de peaux, les cheveux ſous une calotte de calebaſſe, le viſage & les mains noirs comme une Négreſſe. Elle étoit armée d'un bâton court & gros par le bout en forme de maſſue. Les premiers qui l'apperçurent s'enfuirent en criant, *voilà le Diable ;* en effet, ſon ajuſtemeht & ſa couleur pouvoient

bien donner cette idée à des Païsans.
Ce fut à qui fermeroit le plus vîte
sa porte & ses fenêtres. Mais quelqu'un croyant apparemment que le
Diable avoit peur des chiens, lâcha sur
elle un dogue armé d'un collier à poin-
tes de fer ; la Sauvage le voyant approcher en fureur l'attendit de pied ferme,
tenant sa petite masse d'armes à deux
mains, en la posture de ceux, qui pour
donner plus d'étendue aux coups de
leur coignée, la lèvent de côté, & voyant
le chien à sa portée, elle lui déchargea
un si terrible coup sur la tête qu'elle
l'étendit mort à ses pieds. Toute joyeuse de sa victoire elle se mit à sauter plusieurs fois par dessus le corps du chien. *
De-là elle essaya d'ouvrir une porte, &
n'ayant pu y réussir, elle regagna la
campagne du côté de la rivière, &
monta sur un arbre où elle s'endormit
tranquillement.

* Quelques personnes qui ont connu la jeune
Sauvage peu de tems après son apparition content
diversement l'avanture du chien. Quelques uns
la placent à Châlons peu après sa prise ; mais
du moins, il est certain d'ailleurs que cet enfant n'avoit point peur d'un gros chien, &
qu'elle a fait plusieurs fois ses preuves à cet
égard.

Feu M. le Vicomte d'Epinoy étoit pour lors à son château de Songi, où ayant appris ce que les uns & les autres disoient de cette petite Sauvage, entrée sur ses terres, il donna ses ordres pour la faire arrêter, & surtout, au Berger qui l'avoit vu le premier dans une vigne. Parmi les personnes qui étoient en cette campagne, quelqu'un par une conjecture fort simple, mais dont on fit honneur à sa grande connoissance des mœurs & coutumes des Sauvages, devina qu'elle avoit soif, & conseilla de faire porter un seau plein d'eau, au pied de l'arbre où elle étoit, pour l'engager à descendre. Après qu'on se fut retiré, en veillant néanmoins toujours sur elle, & qu'elle eût bien regardé de tous côtés si elle n'appercevoit personne, elle descendit & vint boire au seau, en y plongeant le menton, mais quelque chose lui ayant donné de la défiance, elle fut plutôt remontée au haut de l'arbre qu'on ne put arriver à elle pour la saisir. Ce premier stratagême n'ayant pas réussi, la personne qui avoit donné le premier conseil, dit qu'il falloit poster aux environs une femme & quelques enfans, parce qu'ordinairement les Sauvages ne les fuyoient pas comme les hommes, & surtout qu'il falloit lui montrer un air & un visage riant. On le fit : une femme portant un enfant dans ses bras, vint se promener aux environs de l'arbre, ayant ses mains pleines de différentes racines & de deux poissons, les montrant à la Sauvage, qui tentée de les avoir, descendoit quelques branches & puis remontoit ; la femme continuant toujours ses invitations avec un visage gay & affable, lui faisant tous les signes possibles d'amitié, tels que de se frapper la poitrine, comme pour l'assurer qu'elle l'aimoit bien & qu'elle ne lui feroit point de mal, donna enfin à la Sauvage la confiance de descendre pour avoir les poissons & les racines qui lui étoient présentées de si bonne grace ; mais la femme s'éloignant insensiblement donna le tems à ceux qui étoient cachés de se saisir de la jeune fille pour l'emmener au château de Songi. Elle ne m'a rien dit de sa douleur de se voir prise, ni des efforts qu'elle fit sans doute pour s'échaper ; mais on peut bien en juger ; ce qu'elle se rappelle, c'est qu'il lui paroît qu'elle fut prise deux ou trois jours après avoir passé la rivière. Cette ri-

vière eft fans doute la Marne , qui paffe
à une demi lieue de Songi vers le Le-
vant : ainfi la petite Sauvage venoit du
côté de la Lorraine.

Le Berger & autres qui l'avoient ar-
rêtée & menée au Château , la firent
d'abord entrer dans la cuifine , en attendant qu'on eût averti M. d'Epinoy.
La première chofe qui parut y fixer les
regards & l'attention de la petite fille ,
furent quelques volailles qu'accommo-
doit un Cuifinier ; elle fe jetta deffus
avec tant d'agilité & d'avidité , que cet
homme lui vit plûtôt la pièce entre les
dents , qu'il ne la lui avoit vû prendre.
Le Maître étant furvenu , & voyant ce
qu'elle mangeoit , lui fit donner un la-
pin en peau , qu'elle écorcha & mangea
tout de fuite. Ceux qui l'examinèrent
alors , jugèrent qu'elle pouvoit avoir 9
ans. Elle étoit noire , comme j'ai dit ;
mais on s'apperçut bien-tôt , après l'a-
voir lavée plufieurs fois , qu'elle étoit
naturellement blanche , ainfi qu'elle
l'eft encore aujourd'hui. On remarqua
auffi qu'elle avoit les doigts des mains ,
furtout les pouces , extrêmement gros
par proportion au refte de la main , qui
eft affez bien faite. Elle m'a fait voir
qu'encore actuellement elle a aux pou-

ces quelque chose de cette grosseur, &
elle a ajouté, que ces pouces plus gros
& plus forts lui étoient bien nécessaires
pendant sa vie errante dans les bois,
parce que lorsqu'elle étoit sur un arbre,
& qu'elle en vouloit changer sans descendre, pour peu que les branches de
l'arbre voisin approchassent du sien, ne
fussent-elles pas plus grosses que le bout
du doigt, elle appuyoit ses deux pouces sur une branche de celui où elle
étoit, & s'élançoit sur l'autre comme
un écureuil. De-là on peut juger quelle
force & quelle roideur devoient avoir
ses pouces pour soutenir ainsi son
corps en s'élançant. Cette comparai-
son est d'elle, & pourroit bien venir
de l'idée des écureuils volans qu'elle a
pû voir dans sa jeunesse * : ce qui donne un nouveau poids aux conjectures
que nous ferons sur le païs où elle est
née.

M. d'Epinoy la laissa sous la garde
du Berger, dont la maison tenoit au
Château, en la lui recommandant comme une chose qui lui tenoit à cœur, &
du soin de laquelle il seroit bien payé.
Cet homme la mena donc chez lui

* Voyez ci-après *les Extraits de la Hontan*,
N° 6.

pour commencer à l'aprivoiſer : de-là
vint qu'on l'appelloit dans le canton
la bête du Berger. On peut bien juger
qu'on ne l'aura pas ſi-tôt dèsaccoûtumée,
ni ſans mauvais traitemens, des incli-
nations d'un naturel ſauvage & féroce,
& des habitudes qu'elle avoit contra-
ctées. Au moins ai-je bien compris
qu'elle ne jouiſſoit pas de ſa liberté
dans cette maiſon, puiſqu'elle m'a dit
qu'elle trouvoit moyen de faire des
trous aux murailles & aux toits, ſur leſ-
quels elle couroit auſſi hardiment que
ſur terre, ne ſe laiſſant reprendre qu'à
grand peine, & paſſant (à ce qu'on lui
a rapporté) avec tant de ſubtilité par
des ouvertures ſi petites, que la choſe
paroiſſoit encore impoſſible après l'a-
voir vûe. Ce fut ainſi qu'elle échappa
une fois entr'autres de cette maiſon
par un temps affreux de neige & de
verglas ; elle gagna les dehors, & fut
ſe réfugier ſur un arbre. La crainte des
reproches & de la colère du Maître,
mit cette nuit tout le monde en mouvement ; on la chercha dans toute la
maiſon, ne pouvant penſer que par ce
froid & la gêlée qu'il faiſoit, elle eût
pû gagner la campagne : néanmoins y
étant allé voir comme par ſurabondance:

de recherche, on l'y trouva, comme
je viens de dire, perchée sur un arbre,
dont heureusement on eut l'adresse de
la faire descendre.

J'ai vû quelque chose de l'agilité &
de la légéreté de sa course; rien n'est
plus surprenant : elle m'en montra un
reste, ce que l'on ne peut guère se repré-
senter sans l'avoir vû, tant sa façon de
courir est prompte & singulière;quoique
de longues maladies & le défaut d'usage
depuis bien des années lui ayent fait
perdre une partie de son agilité. Ce ne
sont point des enjambées, ses pas ne
sont ni formés ni distincts comme les
nôtres; c'est une espéce de *piétinement*
précipité qui échappe à la vûe ; c'est
moins marcher que glisser, en tenant
les pieds l'un derrière l'autre. A peine
il est possible de distinguer de mouvement dans son corps & dans ses pieds,
& encore moins de la suivre. Ce petit
essai qui ne fut rien, puisqu'il se fit
dans une salle de peu d'étendue, me
persuada néanmoins de ce qu'elle m'a-
voit dit auparavant, que même plusieurs années depuis sa prise, elle attrapoit encore le giblet à la course, &
qu'on en avoit fait voir la preuve à la
Reine de Pologne, mère de la Reine;

probablement en 1737, lorsqu'elle alla prendre possession du Duché de Lorraine. Cette Princesse passant à Châlons, on lui parla de la jeune Sauvage qui étoit alors dans la Communauté qu'on appelle des Régentes, & on la lui amena: elle étoit aprivoisée depuis quelques années ; mais son humeur, ses manières, & même sa voix & sa parole, ne paroissoient être , à ce qu'elle assure, que d'une petite fille de quatre à cinq ans. Le son de sa voix étoit aigu & perçant quoique petit, ses paroles brèves & embarrassées, telles que d'un enfant qui ne sçait pas encore les termes pour exprimer ce qu'il veut dire : enfin ses gestes & façons d'agir familières & enfantines, montroient qu'elle ne distinguoit encore que ceux qui lui faisoient le plus de caresses. La Reine de Pologne l'en accabla ; & sur ce qu'on lui apprit de sa légéreté à la course, cette Princesse voulut qu'elle l'accompagnât à la chasse. Là se voyant en liberté, & se livrant à son naturel, la jeune Fille suivoit à la course les lièvres ou lapins qui se levoient, les attrapoit & revenoit du même pas, les apporter à la Reine. Cette Princesse témoigna quelque désir de l'emmener avec elle pour la placer dans

A vij

un Couvent à Nancy ; mais elle en fut
detournée par les personnes qui avoient
soin de son instruction dans le Couvent de Châlons , où feu Mgr. le Duc
d'Orleans payoit alors sa pension. La
Reine de Pologne se contenta de pro-
mettre d'écrire en sa faveur à la Reine
de France sa fille , en lui envoyant une
plante à plusieurs branches de fleurs
artificielles que lui avoit présenté la
jeune Sauvage , qui avoit déja acquis le
talent qu'elle a cultivé depuis , d'imiter
le naturel dans ces sortes d'ouvrages.
Elle a fait dans la Reine de Pologne une
perte dont les bontés de la Reine sa fille
peuvent seules la dédommager. Je re-
viens au temps voisin de sa prise , & au
commencement de son éducation ; mais
avant que de passer outre , il faut dire
ce qu'on a pû savoir de certain de ses
avantures avant son apparition dans le
Village de Songi.

Mademoiselle le Blanc (c'est le nom
qu'elle porte aujourd'hui) se ressou-
vient très-distinctement d'avoir passé
une rivière deux ou trois jours avant
sa prise , & l'on verra bientôt que c'est
un des faits le plus constant de son
Histoire. Elle avoit alors une compagne un peu plus âgée qu'elle & noira

comme elle, soit que ce fût la couleur
naturelle de cette autre enfant, soit
qu'elle eut été peinte comme la petite
le Blanc. Elles passoient la rivière à la
nage & plongeoient pour attraper du
poisson, comme je l'expliquerai plus
au long, lorsqu'un Gentil-homme du
voisinage appellé M. de S. Martin,
ainsi que l'a su depuis Mademoiselle
le Blanc, ne voyant de loin que les
deux têtes noires de ces enfans aller &
venir sur l'eau, les prit d'abord, comme il l'a conté lui-même, pour deux
poules d'eau, & leur tira de loin un
coup de fusil, qui heureusement ne les
atteignit point, mais qui les fit plonger & aborder plus loin.

La petite le Blanc reçoit pour sa
part un poisson à chaque main & une
anguille entre ses dents. Après avoir
éventré & lavé leur poisson, elle & sa
compagne le mangèrent, ou plutôt le
devorèrent ; car selon ce qu'elle m'a
représenté, elles ne mâchoient pas leur
nourriture, mais la portant à la bouche elles la déchiquetoient avec les
dents de devant en petits morceaux,
qu'elles avaloient sans les mâcher. Leur
repas fait, elles prirent leur course
dans les terres en s'éloignant de la ri-

vière. Peu de tems après , celle qui est
devenue Mademoiselle le Blanc apperçut la premiere à terre un chapelet ,
que quelque passant avoit sans doute
perdu. Soit que ce fut un objet nouveau pour elle , ou qu'elle se rappellât
d'en avoir vû de semblable , elle se
mit à faire des sauts & des cris de
joie , & craignant que sa compagne
ne s'emparât de ce petit trésor , elle
porta la main dessus pour le ramasser,
ce qui lui attira un si grand coup de
masse sur la main qu'elle en perdit l'u-
sage dans le premier moment , mais
non la force de rendre avec l'autre à
sa compagne un coup de son arme
sur le front qui l'étendit par terre
poussant des cris horribles. Le chapelet fut le prix de sa victoire ; elle
s'en fit un bracelet. Cependant , touchée apparemment de compassion pour
sa camarade , dont la plaie saignoit
beaucoup , elle courut chercher quelques grenouilles , en écorcha une , lui
colla la peau sur le front pour en arrêter le sang , & banda la plaie avec une
laniere d'écorce d'arbre , qu'elle arracha
avec ses ongles ; après quoi elles se
séparèrent , la blessée ayant pris son

chemin vers la rivière, & la victorieuse vers Songi.

On conçoit bien que tous ces détails ainsi que plusieurs de ceux qui précédent & qui suivent, ou que je supprime, n'ont pû être rendus par Mademoiselle le Blanc que depuis qu'elle a pû s'expliquer en François ; mais quant au fait principal du combat des deux petites filles, c'est un des premiers dont on a été informé. On avoit vû deux enfans passer la rivière à la nage, ainsi qu'on l'a rapporté plus haut, on ne put donc manquer de demander au moins par signes à la petite le Blanc, aussi-tôt après sa prise, & dans un tems où la mémoire du fait étoit bien récente, ce qu'étoit devenue sa compagne ? elle répondit par signes, sans doute, & en répétant aussi les expressions que peut-être on lui suggéroit, qu'elle *l'avoit fait rouge*, pour dire qu'elle avoit fait couler son sang ; expression qu'on a beaucoup répétée dans le tems, & dont il n'est cependant fait aucune mention dans la Lettre imprimée dans le Mercure de France * datée de Châlons du 9 Décembre 1731. c'est-à-dire environ deux mois après la

* Voyez cette Lettre ci-après, N°. 2.

prise de la jeune Sauvage, qui ne savoit
encore, dit l'Auteur de cette Lettre,
que quelques mots François mal articulés,
dont il rapporte quelques-uns.

Je n'ai pû rien découvrir de certain
touchant le sort de la compagne de
Mlle. le Blanc. M. de L.. ci-devant
Gouverneur des enfans du Vicomte d'E-
pinoy, rapporte, que lorsqu'il a connu
cette dernière, deux ans après sa prise,
on disoit dans le païs qu'on avoit trouvé
l'autre petite fille morte à quelques
lieues de l'endroit où elles s'éroient bat-
tues. Mlle. le Blanc, sans dire qu'elle
fût morte ou non, dit avoir appris qu'on
l'avoit trouvée aux environs de Toul en
Lorraine. Il faudroit pour cela que dan-
gereusement blessée comme elle étoit,
elle eût repassé la Marne à la nage, ce
qui n'est guères vraisemblable, non plus
que ce que Mlle. le Blanc croit avoir oui
dire, qu'on avoit trouvé sur cette enfant, qui étoit plus grande & plus âgée
qu'elle, quelques papiers qui pouvoient
donner des éclaircissemens sur leurs
avantures précédentes. La Lettre déja
citée, écrite dans un temps fort voisin
de l'événement, dit seulement, qu'on
avoit revû la petite négresse auprès de
Cheppe, Village voisin de *Songi*, d'où

elle avoit enfuite difparu. Quoiqu'il en foit, on n'en a plus entendu parler depuis.

Il y a beaucoup plus d'obfcurité encore fur ce qui a précédé l'arrivée de ces deux enfans en Champagne, Mlle. le Blanc n'en conferve que des fouvenirs éloignés & confus. Je rapporterai cependant tout ce que j'ai pû tirer d'elle par les différentes queftions que je lui ai faites à loifir & en différens tems, depuis que je la connois, & je tacherai d'en tirer des conjectures vraifemblables fur le païs où elle eft née, & fur les avantures qui ont pû la conduire en Champagne. Revenons à la fuite de fon hiftoire.

Les cris de gorge qui lui fervoient de langage, ne furent pas, je penfe, le plus rare fujet des mauvais traitemens qu'elle eut quelquefois à effuyer. C'étoit quelque chofe d'effrayant, furtout ceux de colère ou de frayeur : j'en puis juger fur un des plus petits de joie ou d'amitié qu'elle contrefit devant moi, & qui n'auroit pas laiffé de m'épouvanter fi je n'euffe été prévenue. Mais les plus terribles étoient lorfque par une horreur qui lui étoit naturelle, quelqu'un qu'elle ne connoiffoit pas, l'approchoit & vou-

loit la toucher : on en vit une rude ex-
périence chez M. de Beaupré, aujour-
d'hui Conseiller d'État, & alors Intendant de Champagne. Il s'étoit fait amener la petite Sauvage chez lui, peu de
temps après qu'elle eut été déposée à
l'Hôpital-général de St. Maur à Châlons,
ou son *Extrait baptistaire* * fait foi
qu'elle entra le 30 Octobre 1731. Un
homme à qui on rapportoit l'horreur
qu'elle avoit d'être touchée, se fit fort
néanmoins de l'embrasser, malgré tout ce
qu'on put lui dire du risque qu'il couroit en l'approchant, n'étant pas connu
d'elle ; l'enfant tenoit alors un filet de
bœuf crud, qu'elle mangeoit avec grand
plaisir, & par précaution on la retenoit
par ses habits : dès qu'elle vit cet homme près d'elle en action de lui prendre
le bras, elle lui appliqua, tant avec sa
main qu'avec son morceau de viande,
un tel coup au travers du visage, qu'il
en fut étourdi & aveuglé au point qu'à
peine se put-il soutenir. Mais en même-
temps la Sauvage qui s'imaginoit que
ceux qu'elle ne connoissoit pas étoient
des ennemis qui en vouloient à sa vie,
ou qui craignoit le châtiment de ce
qu'elle venoit de faire, s'échappa, cou-

* Voyez ci-après *l'Extrait baptist.* N°. 1.

rut à une fenêtre , par où elle voyoit
des arbres & une rivière pour y sauter
& s'y sauver , ce qu'elle eût fait si on ne
l'eût retenue.

Le plus difficile à réformer en elle ,
& peut-être le plus dangereux , ce fut la
nourriture des viandes crues & saignan-
tes, ou de feuilles , branches & racines
d'arbres ; son tempérament & son esto-
mac accoutumés par l'usage continuel à
des alimens cruds & remplis de leur suc
naturel , ne pouvoit se faire à des nourritures plus délicates , que la cuisson
rend indigestes , suivant l'aveu de plusieurs Médecins. Pendant qu'elle fut au
Château de Songi , & même pendant
les deux premières années qu'elle fut à
l'Hôpital St. Maur de Châlons , M. le
Vicomte d'Épinoy , qui en prenoit soin,
avoit donné ordre de lui porter de temps
en temps ce qu'elle aimoit le mieux en
racines & fruits cruds ; mais elle fut
privée en cette Communauté presque
totalement de viandes & de poissons
cruds , qu'elle trouvoit abondament au
Château de Songi. Il paroit surtout
qu'elle aimoit le poisson , soit par goût,
soit par l'habitude & la facilité qu'elle
avoit acquise dès son enfance de l'attraper dans l'eau plus aisément que le gi-

bier fur la terre à la courfe. M. de L.
fe fouvient que deux ans après fa prife
elle confervoit encore ce goût pour attraper le poiffon dans l'eau , & m'a
conté, qu'un jour qu'il étoit au Château de Songi avec le Vicomte d'Epinoy qui y avoit fait amener la petite
Sauvage , elle ne s'apperçut pas plûtôt
qu'on avoit ouvert une porte qui donnoit fur un étang de la grandeur de
plufieurs arpens , qu'elle courut s'y jetter tout habillée , fe promena en nageant de tous côtés, & s'arrêta fur une
petite ifle, où elle mit pied à terre pour
attraper des grenouilles, qu'elle mangea tout à fon aife. Ceci me rappelle
un trait affez plaifant que je tiens d'elle-
même.

Lorfque M. d'Epinoy étoit à Songi,
& qu'il y venoit compagnie, il fe plai-
foit d'y faire amener cette enfant, qui
commençoit à s'aprivoifer , & dans laquelle on commençoit à découvrir une
humeur fort gaie, & un caractère de
douceur & d'humanité que des mœurs
fauvages & féroces , néceffaires à la
confervation de fa vie, n'avoient pas
entièrement effacé ; puifque hors les
cas où elle paroiffoit craindre qu'on ne
voulût lui faire quelque tort, elle étoit

fort traitable & de bonne humeur. Un
jour donc qu'elle étoit au Château , &
présente à un grand repas, elle remarqua qu'il n'y avoit rien de tout ce qu'elle
trouvoit de meilleur : tout étant cuit
& assaisonné. Elle partit comme un
éclair, courut sur les bords des fossés
& des étangs, & rapporta plein son tablier de grenouilles vivantes, qu'elle
répandit à pleines mains sur les assiettes
des convives, en disant, toute joyeuse
d'avoir trouvé de si bonnes choses,
tien man man, donc tien ; ce qui étoit
alors presque les seules syllabes qu'elle
pût articuler. On peut bien juger des
mouvemens que cela causa parmi ceux
qui étoient à table , pour éviter ou re-
jetter à terre les grenouilles qui sau-
toient par-tout. La petite Sauvage , toute
étonnée de ce qu'on faisoit si peu de
cas d'un mets si exquis, ramassoit avec
soin toutes ses grenouilles éparses, &
les rejettoit dans les plats & sur la table :
la même chose lui est arrivée plusieurs
fois en différentes compagnies.

Ce ne fut qu'avec d'extrêmes diffi-
cultés qu'on la désaccoûtuma des nourritures crues, & que petit à petit on la
restreignit aux nôtres. Les premiers essais
qu'elle fit pour s'accoûtumer à celles

où il y avoit du fel , comme aufſi à
boire du vin , lui firent tomber toutes
les dents , qui furent gardées , dit-elle,
de même que fes ongles , par curioſité.
Ses dents font revenues , & elles font
à préfent comme les nôtres ; mais fa
fanté ne revint pas , & eft reftée jufqu'aujourd'hui très-delabrée. Elle ne
fit plus que paſſer d'une maladie mor-
telle à une autre , toutes cauſées par
des douleurs inſuportables dans l'eftomac & dans les entrailles , & furtout
dans la gorge , qui étoit rétrécie & def-
féchée, ce que les Médecins attribuoient
au peu d'exercice & au peu de nourriture qu'avoient ces parties par proportion à celle qu'elles avoient eu dans l'u-
fage des viandes crues. Ces douleurs
lui cauſoient fouvent des contractions
de nerfs dans tout le corps,& des épuife-
mens qu'aucune de ces nourritures cuites ne pouvoient reparer. Ce fut peut-
être par quelques-uns de ces accidens
qui la menaçoient d'une mort prochai-
ne , qu'on crut devoir avancer fon *baptême**. Elle n'a conſervé aucun fouvenir de cette cérémonie ; elle dit feule-
ment avoir oüi dire depuis , qu'elle devoit avoir pour Parrein & Marreine M.

* Voyez *l'Extrait baptiſtaire* ci-après, No. 1.

de Beaupré, Intendant de Champagne, & une Dame qu'on appelloit Me. Dupin, ou M. l'Evêque de Châlons (M. de Choiseul) & Me. de Beaupre, l'Intendante ; mais qu'à leur défaut, & en leur nom, ce fut l'Administrateur & la Supérieure de l'Hôpital de *St. Maur*, qui la tinrent sur les fonds & la nommèrent, ainsi qu'elle m'a dit, Marie-Angelique Memmie le Blanc. Le nom de Memmie, qui est celui du premier Evêque de Châlons, lui fut donné, dit-elle, parce qu'elle étoit venue de bien loin chercher la foi dans le Diocèse où ce Saint l'avoit apportée autrefois; mais on voit par son Extrait baptistaire que son Parrein portoit ce même nom.

Il y avoit peu d'apparence de sauver la vie de Mlle. le Blanc : son mieux étoit une langueur qui la faisoit paroître comme mourante. Je tiens de M. de L.. que M. d'Epinoy, qui la vouloit conserver à quelque prix que ce fût, lui envoya un Médecin, qui ne sachant plus qu'ordonner, insinua qu'il faloit de tems en tems & comme en cachette lui donner de la viande crue. On lui en donnoit, dit-elle; mais elle ne faisoit que la mâcher pour en tirer le suc & le jus, ne pouvant plus avaler la chair même. Quelquefois une Dame de la maison qui l'aimoit beaucoup, lui apportoit un poulet ou un pigeon vivant, duquel elle suçoit d'abord le sang tout chaud, ce qui lui servoit, ajoute-t'elle, comme d'un baume qui s'insinuoit partout, adoucissoit l'acreté de sa gorge desséchée, & lui redonnoit des forces. Ce fut avec toutes ces peines & ces petites échappées, que Mlle. le Blanc s'est peu à peu dèsaccoûtumée de viande crue, & s'est enfin habituée aux viandes cuites, telles que nous les mangeons, & si parfaitement, qu'elle a aujourd'hui de la répugnance pour ce qui est crud.

Tant que vêcut M. le Vicomte d'Epinoy, qui vouloit toujours voir sa petite Sauvage, lorsqu'il étoit à Songi, il la tint en Communauté, soit à Châlons, soit à Vitri-le-François. Je juge qu'il ne vécut pas long-temps après sa prise, puisqu'il n'est fait aucune mention de lui entre les personnes désignées pour Parreins & Marreines de cette enfant, qui fut baptisée sept ou huit mois après; & que s'il eût vêcu alors, il y a bien de l'apparence qu'il en eût été le Parrein. Ce qu'il y a de certain, au rapport de M. de L.. c'est qu'après la mort de

M.

M. d'Epinoy, la petite le Blanc fut mise dans un Couvent à Chalons, & qu'au premier voyage que Madame d'Epinoy la veuve, fit à Songi, ledit Sieur de L.. qui l'y accompagnoit, lui persuada de retirer cette jeune fille auprès d'elle où elle lui seroit moins à charge que de la tenir toujours dans des Couvents; cette Dame fut à Châlons dans ce dessein avec M. de L.. Ils trouverent la Dlle le Blanc assez formée & assez adroite à plusieurs ouvrages propres à son sexe, pour pouvoir rendre quelques petits services à cette Dame; mais la Superieure de cette Maison, on ne sçait par quel motif, si ce n'est par le danger du salut que cette enfant pouvoit courir dans le grand monde, détourna Madame d'Epinoy de la retirer, lui rapportant quelques petits traits qui ressentoient encore l'ancien amour de la liberté pour courir dans l'eau & monter sur les arbres. Cette Dame craignant que la petite fille ne fût de trop difficile garde, ne songea plus à la prendre chez elle. Ce fut ensuite M. de Choiseul, Evêque de Châlons, qui en prit soin dans une Communauté où elle avoit déja été, & où ce Prélat chargea M. Cazotte,

B

fon grand Vicaire, de veiller à son inftruction.

Après y avoir paffé plufieurs années & poftulé pour s'y faire Religieufe, Mlle le Blanc prit du dégoût pour cette maifon, par une forte de honte d'y vivre avec des perfonnes qui fe fouvenoient de l'avoir vue au fortir des Bois, avant qu'elle fut apprivoifée, & qui le lui faifoient fentir durement. Elle obtint d'aller dans un autre Couvent à Ste Menehould. A fon arrivée en cette ville, au mois de Septembre 1747, M. de la Condamine de l'Académie des Sciences, la trouva dans l'Hôtellerie où elle venoit de defcendre, il y dîna avec elle & l'Hôteffe, & s'entretint avec la Dlle le Blanc, fans qu'elle fçût qu'il la cherchoit, ni qu'elle fût l'objet de fa curiofité. Elle lui apprit les obligations qu'elle avoit à Mgr. le Duc d'Orléans, qui payoit fa penfion depuis qu'il l'avoit vue en paffant à Châlons au retour de Metz en 1744. Elle témoigna beaucoup de regret d'avoir été détournée de profiter des offres que ce Prince charitable lui avoit faites alors, de la faire venir dans un Couvent de Paris. M. de la Condamine promit à Mlle le Blanc d'être l'interprète de fes

sentimens auprès de S. A. S. En effet,
le Prince informé par lui de la situa-
tion de la Dlle le Blanc, & sur le
témoignage que le grand Vicaire de
Châlons rendit de sa conduite, la fit
venir à Paris, la plaça aux Nouvelles
Catholiques de la rue Sainte Anne,
l'y alla voir & l'interrogea lui-même
pour savoir si elle étoit bien ins-
truite. Ce fut là qu'elle fit sa première
Communion & qu'elle fut confirmée.
Transferée depuis à la Visitation de
Chaillot, toujours sous les auspices de
feu Mgr. le Duc d'Orléans, elle se dis-
posoit à se faire Religieuse, lorsqu'un
coup qu'elle reçut à la tête, par la
chute d'une fenêtre, & une longue
maladie qui suivit cet accident, la
mirent dans le plus grand danger. On
désespéra de sa vie, & sur l'avis du
Médecin, envoyé par le Prince, elle
fut transportée par son ordre à Paris
aux Hospitalieres du Faubourg S. Mar-
ceau, où elle étoit plus à portée des secours qu'exigeoit son état. Mgr. le Duc
d'Orleans eut la bonté de la recom-
mander à la Supérieure & aux Infir-
mieres, & de s'engager à payer outre sa pension, tous les remèdes & les
secours qui seroient jugés nécessaires.

Ce Prince a reçu sans doute le prix de
sa charité en l'autre monde ; mais Mlle
le Blanc n'en a pas beaucoup profité
en celui-ci. Elle se trouvoit en quelque sorte abandonnée dans une maison où l'on avoit eu l'espérance d'avoir
par son moyen un Prince pour Pro-
tecteur , & en lui une bonne caution
pour la pension ; mais restée infirme
& languissante dans ce même lieu, où
l'on avoit perdu ces points-de-vûe ,
sans aucune ressource de famille ni d'a-
mis, pour l'assister pendant sa maladie,
ni même au cas qu'elle revînt en santé ,
je laisse à juger quelles pouvoient être
ses réfléxions , & combien d'inatten-
tions, de mortifications même, elle eut
à essuyer de la part de ceux qui crai-
gnoient de n'être pas payés de ce qu'ils
avançoient pour elle. C'est dans de si
tristes circonstances que je la vis pour
la première fois au mois de Novem-
bre 1752. Elles n'étoient guères plus
favorables , lorsqu'ayant recouvré un
peu de force , elle put me venir dire
elle-même que Mgr. le Duc d'Orléans ,
héritier des vertus de son pere , s'étoit
chargé de payer les neuf mois de sa
pension échus depuis la mort de ce Prince , & qu'on lui faisoit espérer qu'elle
seroit comprise sur l'état de S. A. S. pour

200. liv. de pension viagère ; à quoi elle
ajouta, que comme ce dernier article
ne seroit decidé que dans le mois de
Janvier suivant, elle avoit accepté en
attendant une petite chambre, qu'une
personne qu'elle me nomma lui avoit
offerte. Mais, lui dis-je, de quoi vivre
dans cette chambre pendant deux mois,
& peut-être plus, convalescente comme vous êtes ? Pourquoi, dit-elle, avec
une confiance qui m'étonna, Dieu me
seroit-il venu chercher & tirer d'entre
les bêtes farouches, & me faire Chrétienne ? Seroit-ce pour m'abandonner
quand je le suis, & pour me laisser
mourir de faim ? Cela n'est pas possible.
Je ne connois que lui; il est mon pere ;
la Ste. Vierge est ma mere : ils auront
soin de moi. Le plaisir que j'ai à rap-
porter cette réponse, me paye avec usure
de la peine que j'ai prise à mettre en
ordre tout ce que l'on vient de lire, &
que je terminerai par donner un extrait
des réponses de Mlle le Blanc aux différentes questions que je lui ai faites depuis que je la connois, sur ce qu'elle a
pû se rappeller de ses premières années.
J'y joindrai les conjectures que j'ai pro-
mises sur le païs où elle est née, & sur
les événemens qui ont pû la conduire en

France , & préparer l'avanture singulière de sa découverte & de sa prise.

Mlle le Blanc avoue qu'elle n'a commencé à réfléchir que depuis qu'elle a
reçu quelque éducation ; & que tout le
temps qu'elle a passé dans les bois, elle
n'avoit presque d'autres idées que le
sentiment de ses besoins , & le désir de
les satisfaire. Elle n'a mémoire ni de
pere ni de mere , ni d'aucune personne
de sa Patrie , ni presque de son païs même ; si ce n'est , qu'elle ne se rappelle
point d'y avoir vû des maisons , mais
seulement des trous en terre , & des
espèces de huttes comme des baraques
(c'est son terme) où l'on entroit à quatre pattes ; elle a même idée que ces
huttes étoient couvertes de neige. Elle
ajoute qu'elle étoit souvent sur les arbres , soit pour se garantir des bêtes
féroces , soit pour mieux découvrir de
loin les animaux proportionnés à ses
forces & à ses besoins , & de-là se jetter dessus pour en faire sa nourriture.
Ces premières traces , cette idée de sa
première habitation , étoient si forte-
ment gravées dans son cerveau , que
dans le temps où elle commençoit à entendre le François , mais où elle ne
pouvoit encore s'exprimer ; ce qui ne

lui arriva que long-temps après fa prife ,
lorfqu'on lui demandoit d'où elle étoit ,
& qui étoient fes pere & mere , elle
montroit un arbre , fi elle étoit à portée
de le faire , & la terre qui étoit au pied.
Le feul événement de fon enfance dont
elle ait confervé un léger fouvenir , c'eft
que lorfqu'elle étoit , dit-elle , bien
petite , elle avoit vû dans la mer ou
dans la rivière , elle n'a pû me dire lequel , une groffe bête qui nageoit avec
deux pattes comme un chien , que fa
tête étoit ronde comme celle d'un dogue , avec de grands yeux étincellans ;
que la voyant venir à elle comme pour
la dévorer , elle s'étoit fauvée à terre ,
& s'étoit enfuie bien loin. Je lui demandai fi cette bête n'avoit que deux pattes ;
fi elle avoit du poil , & de quelle couleur elle étoit : elle me dit , qu'elle ne
s'étoit pas donné le temps de la bien
examiner , mais qu'elle n'avoit vû que
deux pattes dont la bête battoit l'eau ;
qu'elle fembloit dehors à mi-corps , tout
le refte étant fous l'eau ; qu'il lui paroiffoit qu'elle avoit vû du poil qui étoit
gris-noirâtre & court , à peu-près , ajouta-t-elle , comme ces chiens qui ont le
poil raz.

Cette defcription , fi reffemblante à

celle du Loup marin *, cette forte inclination que Mlle le Blanc a conservé
pendant plusieurs années depuis son séjour en France , pour se jetter dans
l'eau, d'y pêcher à la main, d'y nager
comme un poisson malgré le froid &
la glace , de ne manger rien que de
crud ; les défaillances & les évanouisse-
mens qu'elle éprouvoit dans les premiers temps à la chaleur du feu ou du
soleil , me paroissent des preuves cer-
taines qu'elle est née dans le Nord aux
environs de la mer glaciale , où se fait
la pêche des Loups marins. Et plusieurs
autres observations, dont je ferai le Le-
cteur juge, me font soupçonner qu'elle
est de la nation des Esquimaux, qui
habitent la terre de Labrador, au nord
du Canada.

Mlle le Blanc convient qu'il y a plusieurs choses, dans ce qu'elle m'a raconté
à diverses reprises, dont elle n'oseroit
assurer avoir conservé un souvenir dis-
tinct & sans mélange des connoissan-
ces qu'elle a acquises depuis qu'elle a
commencé à réfléchir sur les questions
qu'on lui fit alors, & qu'on a continué
de lui faire depuis.

* Voyez l'*Extrait des Voyages* de la Hontan , Nº 6.

Cependant elle a toujours dit ou fait entendre, lorsqu'elle parloit à peine François, qu'elle avoit passé deux fois la mer; elle l'assura positivement à M. de la Condamine en 1747. Quant à ce qu'elle a dit quelquefois qu'elle a été long-temps sur mer, parce que le Vaisseau s'arrêtoit en différentes Isles, elle sent bien aujourd'hui que ce ne peut être là qu'une répétition de quelque commentaire qu'elle a entendu faire sur ses avantures. Je tiens de M. de L.. qu'il a oui dire chez M. le Vicomte d'Epinoy, que les deux petites Sauvages avoient même été vendues dans quelqu'une des Isles d'Amérique; qu'elles faisoient le plaisir d'une Maîtresse, mais que le mari ne pouvant les souffrir, la Maîtresse avoit été obligée de les revendre & de les laisser rembarquer, soit dans leur premier Vaisseau, soit dans quelqu'autre. Ces circonstances cadrent assez à celles qui sont rapportées dans la Lettre déja citée, imprimée dans le Mercure de France; mais on voit bien, encore une fois, que ces détails ne peuvent être que le résultat des conjectures, plus ou moins probables, que l'on forma sur les premiers signes & les premiers discours qu'on

put tirer de la jeune Fille quand elle
commença de parler François, quelques mois après qu'elle eut été trouvée,
& qu'il est bien difficile de compter sur
les circonstances d'un récit aussi détaillé,
qui ne pourroit avoir été fait que par
signes.

Je ne sais si on doit faire beaucoup
plus de fond sur le prétendu souvenir
de Mlle le Blanc, qu'il y avoit sur le
Vaisseau qui l'a transportée, des gens qui
entendoient son langage, qui ne con-
sistoit qu'en cris aigus & perçans, formés dans la gorge, sans aucune arti-
culation ni mouvement de lèvres. Quant
à ses deux embarquemens dont elle a
conservé une idée assez distincte, &
sur quoi elle n'a jamais varié ; ce qui
semble confirmer leur réalité, ainsi que
celle de quelque séjour dans un païs
chaud, tel que nos Isles de l Amérique,
c'est que les cannes de sucre & la cassave ou le manioc, que l'on sçait être
des productions des climats les plus
chauds, ne lui sont pas des objets inconnus ; qu'elle se rappelle d'en avoir
mangé, & qu'elle les saisit avidement
lorsqu'on les lui présenta la première
fois en France*. J'insiste sur ces circon-

* Voyez la Lettre du Mercure de Décembre
1731. No 2.

ſtances, parce qu'elles rendent plus com-
pliquées les avantures qui ont pû con-
duire Mlle le Blanc des terres Arctiques, dont il paroît qu'elle eſt origi-
naire, dans les Iſles Antilles, & de là
en Europe ſur la frontière de France.

Elle & ſa compagne attrapoient elles-
mêmes le poiſſon, ſoit dans la mer,
ſoit dans les lacs ou rivières; car Mlle
le Blanc n'a pû m'en faire la diſtinction,
ni m'en dire autre choſe, ſi ce n'eſt
que quand elles appercevoient dans l'eau
quelques poiſſons, ayant la vûe très-
perçante en cet élément, elles s'y jet-
toient, & remontoient ſur l'eau avec
le poiſſon pour l'éventrer, le laver &
le manger tout de ſuite, & retournoient
en chercher d'autre. C'étoit donc au
bord d'une rivière, ou, ſi c'eſt en mer,
ce ne pouvoit être que lorſque le vaiſſeau
étoit à l'ancre dans un port, ou dans
une rade, qu'elles pêchoient de la ſorte;
& une de ſes avantures me le confir-
me; car elle me dit, qu'un jour elle ſe
jetta dans la mer, non pour pêcher,
comme il paroît, puiſqu'elle ne vouloit
pas revenir, mais pour s'enfuir à cauſe
de quelques mauvais traitemens; &
qu'après avoir nâgé bien longtemps,
elle gagna enfin un rocher eſcarpé, où

B vj

elle grimpa, dit-elle, comme un chat;
on l'y suivit en chaloupe ou en canot, & on eut bien de la peine à la
reprendre, après l'avoir trouvé cachée
dans des buissons. Toutes ces circonstances désignent que le Vaisseau étoit
près de terre, si toutefois cette avanture
n'est pas cette échappée dont nous avons
parlé plus haut, & dont M. de L.. fut
témoin à Songi.

Il paroît qu'à cause de cette fuite ou
d'autres pareilles, on renferma les petites Sauvages au fond de calle du Vaisseau ; mais cette précaution pensa leur
devenir funeste, & à tout l'équipage. Se
sentant si près de l'eau, leur élément
favori, elles s'avisèrent de gratter avec
leurs ongles pour faire un trou au Navire, & pouvoir s'enfuïr par-là dans
l'eau ; on s'apperçut assez-tôt de ce bel
ouvrage pour y remédier, & éviter un
naufrage certain. Cette tentative fit
qu'on enchaîna les deux petites Sauvages, de manière qu'elles ne pussent re-
commencer leur manœuvre.

De-là on peut juger que la garde de
ces enfans demandoit bien des soins,
qu'augmentoient sans doute leur aversion d'être touchées. Selon ce que dit
Mlle le Blanc, leur approche n'étoit pas
aisée à ceux qui les gouvernoient;car soit

qu'elles tinssent d'origine cette horreur qu'elles avoient d'être touchées*, ou du souvenir de leur enlévement ou de la crainte de mauvais traitemens, elles entroient en fureur lorsqu'elles voyoient quelqu'un approcher d'elles, & il falloit se précautionner contre leurs armes & leurs ongles, ou à leur défaut, contre les coups de poings assenés avec une force de bras bien supérieure à celle des enfans de leur âge.

Lorsqu'elles arrivèrent en Champagne, elles avoient pour armes, au rapport de Mlle le Blanc, un bâton court d'une grosseur proportionnée à la force de leurs mains au bout duquel étoit une boule de bois très-dur ; le tout en forme de masse d'armes, & une espéce de serpette crochue de Jardinier, ainsi qu'elle a pu me le figurer, mais à deux lames plus larges, se repliant chacune de leur côté sur un manche de bois : celle-ci leur servoit paticulièrement à dépecer & éventrer les animaux qu'elles prenoient, ou à se défendre de près. Elles portoient ces armes, dit-elle, dans une espèce de sac**,

---

* Voyez *Relation de la Hontan sur les Esquimaux* ; ci-après N°. 5.

** Voyez *l'Extrait de la Lettre de Me. Duplessis*, N°. 4.

ou pôche attachée à une large ceinture
de peau, qui leur venoit jusques près
les genoux. Sur ce que je lui demandai
si cet habillement ne l'empêchoit pas
de monter sur les arbres dont elle m'a-
voit parlé, elle me dit que non, parce
qu'en pareil cas elles tenoient le derrière
de cet habit avec leurs dents. Comme
je m'informai plus curieusement de cet
habit & de ses autres ornemens pour
les mieux reconnoitre dans les desseins
que j'ai qui représentent des Esquimaux,
elle me dit qu'on lui avoit ôté chez M.
le Vicomte d'Epinoy ses premiers habits, ses armes, son collier & pendans;
qu'il y avoit quelques caractères inconnus imprimés sur ces armes, qui au-
roient pû faire mieux reconnoître sa Nation; mais que tout cela avoit été gardé
comme une curiosité chez le Vicomte d'Epinoy, où elle a continué de les
voir & même de les porter plusieurs
fois. Cependant M. de L .. m'a dit qu'il
n'avoit point eu connoissance de ces armes; mais j'ai déja remarqué qu'il ne
la vit pour la première fois dans cette
même maison que deux ans après sa
prise. Elle avoit alors pour habit une
espèce de tunique; ou, comme elle dit
elle-même, une jacquette de toile qui;

selon M. de L.. ne l'empêcha pas, voyant une porte ouverte, de prendre sa course, & s'aller jetter dans un étang de plusieurs arpens, de s'y promener en nageant de tous les côtés, & de s'y arrêter, sur un peu de terre à sec qu'elle y trouva, pour y manger des grénouilles.

Il paroit qu'après l'évasion de ces deux enfans, de tel endroit que ce soit, encore incapables d'autres vûes & desseins, que de conserver leur vie & leur liberté, elles ne suivirent d'autres routes que celles que le hazard ou le besoin leur présentoient. La nuit où, selon Mlle le Blanc, elles voyoient bien plus clair que le jour ; ce qui ne doit pas être pris au pied de la lettre (& ses yeux ont encore un peu de cette propriété) elles couroient pour chercher à manger ou à boire. Le petit gibier au gîte, & les racines d'arbres, étoient leurs provisions, leurs armes & leurs ongles leur servant de pourvoyeur & de cuisinier. Elles passoient le jour, selon les lieux, dans des trous ou buissons, ou sur des arbres ; c'étoit leur refuge contre les bêtes sauvages, quand elles en appercevoient ; c'étoit leur donjon ou guéritte pour regarder au loin s'il n'y avoit pas quelques-uns de leurs en-

nemis à craindre en descendant : & c'é-
toit là qu'elles attendoient , comme à
l'affût, qu'il pasât quelque gibier, pour
s'élancer dessus, ou le poursuivre. La
Providence qui fournit à toutes les créa-
tures tous les instincts & propriétés na-
turelles pour la conservation de leur
espèce, avoit donné à celles-ci une mo-
bilité d'yeux inconcevable ; leurs mouvemens étoient si prompts & si rapides,
qu'on peut dire que dans un même moment elles voyoient de tous les côtés,
sans presque remuer la tête. Le peu qui
reste de cette habitude à Mlle le Blanc
est encore étonnant lorsqu'elle le veut
montrer ; car le reste du temps ses yeux
sont comme les nôtres ; par bonheur,
dit-elle, car on a eu bien de la peine
à leur ôter ce mouvement , & on a
souvent perdu l'espérance d'y réussir.

Les arbres étoient aussi leurs lits de
repos, ou plutôt leurs berceaux ; car,
selon ce qu'elle m'en a dépeint, elles y
dormoient tranquillement , se tenant
assises, & vraisemblablement à cheval
sur quelques branches, se laissant ber-
cer par les vents, & exposées à toutes
les injures de l'air, sans autre précaution que celle de se servir d'une de leurs
mains pour s'arcbouter ou s'affermir,

tandis que l'autre main leur servoit de chevet.

Les rivières les plus larges n'interrompoient point leur course, soit de jour ou de nuit ; elles les traversoient sans crainte ; elles y entroient d'autres fois seulement pour boire, ce qu'elles faisoient en mettant leur menton dans l'eau jusqu'à la bouche, & humant ou suçant l'eau à la façon des chevaux ; le plus souvent c'étoit pour y pêcher à la main les poissons qu'elles voyoient au fond : elles les apportoient à terre dans leurs mains & dans leur bouche pour les vuider, les écorcher & les manger, comme je l'ai rapporté plus haut.

Comme je laissai voir à Mlle. le Blanc que j'avois peine à croire qu'on put se retirer d'une riviere profonde, ainsi qu'elle me l'assuroit, sans s'aider des mains & du souffle, elle me répondit qu'indépendamment de cela elle revenoit toujours sur l'eau, * & qu'elle n'avoit besoin pour y réussir, que du plus petit souffle, comme elle l'avoit encore éprouvé il n'y avoit qu'environ 4 ans. Elle m'en dépeignoit la maniere, en se tenant debout les deux bras étendus & éle-

---

* *Extrait de Lettre de Me. Duplessis.* No. 4.

vés, comme si elle eût tenu quelque chose
hors de l'eau , le bout de son mouchoir
dans ses dents en guise de poisson, &
avec cela soufflant alternativement ,
mais doucement & sans discontinuer
des deux coins de sa bouche, ainsi à
peu près que fait un fumeur par un seul
coin lorsqu'il tient sa pipe en l'autre.
Ce fut ainsi, selon que Mlle. le Blanc le
raconte, qu'elle & sa compagne traver-
sèrent la Marne pour arriver à Songi,
où elle fut prise de la maniere que je
l'ai rapporté.

Il reste à tirer de tous ces faits, qui
ne sont pas également certains, des conjectures vraisemblables sur la maniere
dont les deux petites sauvages ont pu
être transportées dans notre continent
& n'être découvertes qu'auprès de Châlons en Champagne.

Indépendamment de l'aversion naturelle qu'avoit Mlle. le Blanc pour le feu,
de son inclination à se plonger dans
l'eau par le tems le plus froid, de son
goût dominant pour le poisson crud,
qui faisoit son aliment favori, & des
autres remarques précédentes qui ne
permettent pas de douter qu'elle ne soit
née dans les pays septentrionaux voisins
de la mer glacialle, sa couleur blanche

& semblable à la notre achève de décider la question sans équivoque, puisqu'il est constant que tous les peuples originaires de l'intérieur de l'Afrique & des climats chauds ou temperés de l'Amérique sont ou noirs ou rougeatres ou bazanez. S'il n'étoit question que d'imaginer comment deux jeunes sauvages des terres Arctiques ont pu passer en France, mille conjectures différentes, également probables, pourroient satisfaire à cette question. Ce qui la rend plus difficile à résoudre ce sont non-seulement les deux divers embarquemens dont Mlle. le Blanc a conservé le souvenir, mais encore son passage & son séjour en des pays où il y avoit des cannes de sucre & de la cassave ; aussi bien que la couleur noire artificielle dont on la trouva peinte. Il n'est pas ici question de faire un Roman ni d'imaginer des avantures, mais où la certitude manque on doit chercher la vraisemblance. Parmi les différentes conjectures que l'on peut faire pour lier ces différens faits, voici ce me semble une des plus simples & des plus vraisemblables.

On sçait que presque toutes les nations de l'Europe qui ont des colonies en Amérique, sont obligées d'y transporter des esclaves pour la culture des terres & la préparation des productions qu'on en retire, telles que le sucre, l'indigo, le tabac, le cacao, le café &c. Les Negres transportés d'Afrique en Amérique, dans un climat semblable au leur n'ont aucune peine à s'y accoutumer & y réuffiffent très bien ; mais on a tenté fans fuccès d'y naturalifer des fauvages des pays feptentrionaux. Les Anglois, les Hollandois, les Danois ont comme nous des colonies dans plufieurs des Ifles Antilles, & ils ont plus d'une fois enlevé des fauvages Efquimaux qui habitent la terre de Labrador au nord du Canada. Je fupofe qu'un Capitaine de navire parti de la Nort-Hollande, du nord de l'Ecoffe ou de quelque port de Norvége, ait enlevé des efclaves dans les terres Arctiques, ou dans la terre de Labrador, & qu'il les ait tranfportés pour les vendre dans quelqu'une des colonies Européenes des Ifles Antilles, elles y auront vû & mangé des cannes de fucre & du manioc. Le même Capitaine peut avoir ramené quelques-uns de ces efclaves en Europe, foit qu'il n'eut pas trouvé à s'en defaire avantageufement, foit par caprice ou par curiofité, & la jeuneffe de nos deux peti-

tes sauvages peut fort naturellement leur
avoir valu cette préférence ; dans ce cas
il est probable qu'il les aura vendues ou
données en présent, à son arrivée en Europe. Il est encore assez vraisemblable
que par plaisanterie ou par fraude on
se soit avisé de les peindre en noir : c'é-
toit le moyen de les faire passer pour
esclaves de Guinée, & de n'avoir point
de compte à rendre de leur enlevement.
Il y a en Amérique une plante dont on
tire une eau claire & transparente qui
appliquée sur la peau la noircit parfaitement, il est vrai que cette couleur se
passe au bout de neuf ou dix jours, mais
on peut la rendre plus durable en mettant plusieurs couches & en y mêlant divers ingrédients. Jusqu'ici nous n'avons
rien suposé que de plausible, le reste
approche beaucoup plus de la certitude
& même de l'évidence

Il est incontestable que de façon ou
d'autre ces deux enfans ont été transportés en Europe par mer. Or plus on
suposera le lieu de leur débarquement
voisin de celui où elles ont été trouvées, plus on retranchera du merveilleux
de leur histoire. Qu'elles ayent été vendues dans quelque Port du Zuyder-zée,
& de-là transportées par l'Issel, ou par

les canaux , dont le païs est coupé , à
l'habitation de leurs nouveaux Maîtres ,
par exemple en Gueldre ou dans le païs
de Clèves sur les bords de la Moselle ,
on peut juger par ce qu'on a raconté de
la petite le Blanc , long-temps après sa
prise , combien elle & sa compagne devoient être de difficile garde , & qu'au
premier moment qu'elles auront trouvé
le moyen de s'échapper , elles n'en auront pas manqué l'occasion. Le païs est
fort couvert : une fois qu'elles auront
pû gagner la forêt des Ardennes, le reste
s'explique de lui-même. On a vû qu'elles
passoient les journées sur les arbres ,
qu'elles savoient se procurer leur nourriture , & qu'elles ne marchoient que
la nuit. Elles auront erré au hazard , ou
plutôt leur instinct les aura portées à
s'avancer du côté où elles avoient vû le
soleil pendant le jour , & sur-tout vers
le point de l'horison , où elles le per-
doient de vûe le soir , & où un reste
de lumière , après son coucher , les gui-
doit , à l'heure où elles avoient coûtume
de se mettre en chemin , comme lorsqu'elles passèrent la Marne à la nage.
Cette marche pendant plusieurs mois ,
sans avoir fait peut-être 50 lieues en
droite ligne , dans un païs de bois, les

aura conduites vers le Midi & le Cou-
chan en Lorraine , & de Lorraine en
Champagne, dans le canton où on les
a trouvées ; & tout ce qu'on a vû dans
les récits de Mlle le Blanc s'expliquera
facilement.

On pourroit encore fimplifier les
conjectures précédentes , en fuppofant
les deux petites Sauvages, tranfportées
des terres Artiques aux Antilles Fran-
çoifes , comme à Saint Domingue,
à la Guadaloupe , ou à la Martinique,
ont été achetées là par quelque François , qui peu de temps après fera
repaffé en France avec fa famille, fe
fera établi en Lorraine , & y aura con-
duit ces deux enfans. Il eft clair qu'elles
n'auront pas tardé à s'échapper. On ex-
pliqueroit par - là fort naturellement
comment la petite le Blanc a paru entendre quelques mots François , & en
eftropier quelques autres prefqu'auffi-
tôt après fa prife ; comment on a pû
conjecturer par fes fignes, & enfuite
par fes difcours, qu'elle avoit été auprès d'une Dame ; qu'elle avoit vû faire
de la tapifferie. Enfin , cette nouvelle
fuppofition n'exige qu'un affez court
intervalle de temps , comme de douze
ou quinze jours entre fon évafion de

chez les Maîtres en Lorraine, & sa ren-
contre à Châlons, & l'on en expliquera
d'autant mieux comment sa couleur
noire duroit encore, quoiqu'elle eût
passé au moins une rivière à la nâge. Je
ne trouve plus qu'une difficulté. Il seroit bien surprenant que ces deux enfans ayant été trouvées si près du lieu
d'où elles s'étoient enfuies ; & le fait
étant devenu public, leurs Maîtres ne
se fussent pas fait connoître : cependant
cette objection n'est pas sans réplique.
Peut-être leur Maître ou leur Maîtresse,
degoûtés d'elles, & ayant perdu l'espérance de les apprivoiser, ne furent-ils
pas fâchés d'en être debarrassés, & ne
firent aucune demarche pour les retrou-
ver, ou du moins n'insistèrent pas sur
la restitution. Ceci devient plus qu'une
conjecture, depuis que j'ai appris par
M. de L.. qu'on avoit réellement fait
des perquisitions du côté de la Hollande, autant qu'il s'en peut souvenir,
& fait redemander la jeune Sauvage à
feu M. d'Epinoy, qui ne voulut pas la
rendre ; ce qui prouve toujours qu'elle
ne fut pas reclamée avec beaucoup de
vivacité.

Si on connoissoit une Nation à qui
les cris de gorge aigus & perçans, fa-
miliers

miliers à Mlle le Blanc , tint lieu de
langage , on connoîtroit précifément fa
Patrie ; mais elle ne pourroit avoir été
transférée de-là en France que par quelque évènement femblable à ceux que
nous venons d'indiquer. On prétend
que ce fut à l'occafion de la Lettre publiée dans le Mercure , que la petite
Sauvage fut redemandée ; mais je n'ai
pû découvrir précifément de quelle part.
Il n'eût pas été difficile alors de remonter
à la fource , & l'on eût été beaucoup
plus exactement informé de fon hiftoire.
Il eft peut-être encore temps ; & cette
Relation en devenant publique , pourra
donner de nouvelles lumières. C'eft une
des raifons qui m'ont déterminée à la
rediger.

J'ai prouvé qu'il y avoit beaucoup
d'apparence que Mlle le Blanc eft de la
Nation des Efquimaux ; mais comme
les preuves que j'ai alléguées pourroient
prefque également convenir aux Sauvages de Groënland , du Spitzberg & de
la nouvelle Zemble , s'il importoit de
fçavoir précifément fi elle eft née dans
le continent de l'Amérique ou dans le
nôtre d'Europe , cela feroit encore très-
poffible. On fait que les Sauvages Amé-
ricains , hommes & femmes (*glabri*)

C

ont un caractère diftinctif, qui ne per-
met pas de les confondre avec les Européens, les Africains, ni les Afiatiques.

EXTRAIT

Des Regiftres des Baptêmes de l'Eglife Paroif-
fiale de St. Sulpice de la Ville de Châlons
en Champagne.

Nº I. L'An de grace mil fept cent trente-deux, le 16 e
jour de Juin, a été baptifée par moi fouffigné,
Prêtre, Chanoine-Regulier, Prieur, Curé de St.
Sulpice de Châlons en Champagne, Marie-Ange-
lique-Memmie, âgée d'environ onze ans, dont le
pere & la mere font inconnus, comme ils le font
même à cette fille, qui eft née ou qui a été tranf-
portée dès fon bas âge dans quelque Ifle de l'A-
mérique; d'où par les foins d'une Providence pleine
de miféricorde, elle eft venue débarquer en France,
& conduite encore par la même bonté de Dieu en
ce Diocèze; placée enfin fous les aufpices de Mon-
feigneur nôtre Illuftriffime Evêque, à l'Hôpital-
Général de St. Maur, où elle eft entrée le 30
Octobre de la précédente année. Son Parrein a été
M. Memmie le Moine, Adminiftrateur dudit Hôpital; & la Marreine, Damoifelle Marie-Nicole
d'Halle, Supérieure du même Hôpital de S. Maur,
lefquels ont figné les jours & an que deffus. Ainfi
figné, Memmie le Moine. D'Halle. F. Couterot,
Chanoine-Reg. Prieur, Curé.

JE, fouffigné, Prêtre, Chanoine-Regulier,
Prieur, Curé de St. Sulpice, certifie la préfent
Extrait conforme à fon original. Délivré à Châ-
lons ce 21 Octobre 1750. Signé DANSAIS,
Prieur, Curé de Saint Sulpice.

Lettre écrite de Châlons en Champagne le 9 Déc. 1731, par M. A M. N... au sujet de la Fille Sauvage trouvée aux environs de cette Ville. *

PERSUADÉ, Monsieur, que vous Nª 2. ne cherchez qu'à contribuer, par vos Mémoires, à satisfaire la curiosité du Public en tout ce qui peut l'intéresser agréablement & utilement, j'aurai l'honneur de répondre à votre Lettre du 2 de ce mois sur l'état de la Sauvage, qui a été trouvée aux environs de Châlons, tant sur ce que j'en ai appris, que sur ce que j'en ai connu moi-même, pour l'avoir fait venir chez moi. Je vous dirai d'abord, que pour le peu de fréquentation qu'elle a eûe avec le monde, ne sachant encore que quelques mots François mal articulés, on ne peut presque pas conjecturer dans quel païs elle est née; mais certainement, par les circonstances dont je vais vous entretenir, elle n'est point de Norvège, (comme on l'a dit) on croit plutôt qu'elle est née dans les Isles Antilles de l'Amérique, qui appartiennent aux François, com-

* Cette Lettre est imprimée dans le Mercure de France de Decembre 1731.

C ij

me la Guadaloupe , la Martinique , S.
Chriſtophe , S. Domingue , &c. parce
qu'un particulier de Châlons qui a été à
la Guadaloupe , lui ayant montré de la
caſſave , ou *manioc* , qui eſt un pain dont
ſe nourriſſent les Sauvages des Antilles,
elle s'écria de joie ſur ce pain ; & en
ayant pris un morceau , elle le mangea
avec grand appetit : il lui fit voir auſſi
d'autres curioſités du même païs , à quoi
elle prit un plaiſir extraordinaire , faiſant connoître qu'elle avoit vû de ſem-
blables choſes ; de ſorte qu'il eſt à pré-
ſumer qu'elle vient plutôt de ces païs-là
que de la Norvège.

A force de la faire parler , on a ſçu
qu'elle a paſſé les mers ; qu'enſuite une
Dame de qualité a pris ſoin de ſon
éducation , l'ayant faite habiller ; car
auparavant elle n'avoit qu'une peau qui
la couvroit. Cette Dame la tenoit en-
fermée dans ſa maiſon ſans la laiſſer
voir à perſonne ; mais le mari de la
Dame ne voulant plus la voir chez
lui, pour ne point laiſſer trop long-temps
un objet ſemblable devant les yeux de
ſon épouſe , cette Fille fut obligée de ſe
ſauver. Enfin , à la faveur de la Lune ,
qu'elle appelle *la lumière de la bonne
Vierge* , ne marchant que la nuit , elle

eſt parvenue au mois de Septembre dernier juſqu'à Songi , Village à 4 lieues de Châlons, lequel appartient à M. d'Epinoy, dont vous avez , depuis peu, annoncé le mariage avec Mlle de Lannoy , fille de M. le Comte de Lannoy.

On ſait d'ailleurs qu'avant qu'elle fût arrivée à Songi , on l'avoit vûe au-deſſus de Vitri-le-François , accompagnée d'une Négre , avec laquelle elle ſe battit , parce que la Négre ne vouloit pas qu'elle portât ſur elle un Chapelet, qu'elle appelle *un grand Chime* : que la Sauvage s'étant trouvée la plus forte , la Négre la quitta ; & depuis , la Négre a été vûe auprès du Village de Cheppe proche Songi, d'où elle a enſuite diſparu. Pour notre Sauvage, le Berger de Songi l'ayant apperçue dans les vignes , écorchant des grenouilles , & les mangeant avec des feuilles d'arbres , elle fut amenée par ce Berger au Château de M. d'Epinoy , qui donna ordre au Berger de la loger , ajoutant qu'il auroit ſoin de ſa nourriture , &c. L'attention que ce Seigneur a eu pour elle pendant près de deux mois, la ſouffrant la plus grande partie du jour à ſon Château , la laiſſant pêcher dans ſes foſſés , & chercher des racines dans ſes jardins , a attiré

C iij

beaucoup de monde chez lui. On remarquoit que tout ce qu'elle mangeoit, elle le mangeoit crud, ainsi que des Lapins qu'elle dépouilloit avec ses doigts aussi habilement qu'un cuisinier. On la voyoit grimper sur les arbres plus facilement que les plus agiles Bucherons; & quand elle étoit au haut, elle contrefaisoit le chant de différens oiseaux de son païs. Je l'ai vû moi-même dans un jardin de Châlons, cherchant des racines dans la terre, avec l'usage seul de son pouce & du doigt suivant, faisant ainsi des trous comme des terriers en un moment de temps, aussi habilement que si on se fût servi d'un hoyau.

M. l'Evêque de Châlons & M. l'Intendant l'ont vûe dans ces sortes d'exercices. M. l'Evêque a pris soin depuis de la placer dans l'Hôpital-général de cette Ville, où l'on reçoit les enfans des pauvres habitans, de l'un & de l'autre sexe, pour les y nourrir jusqu'à l'âge de 15 à 16 ans, qu'on leur fait apprendre des mêtiers. C'est-là qu'on tâche de l'humaniser tout-à-fait & de l'instruire. Elle mange quelquefois du pain, ce qu'elle fait par complaisance; car il lui fait mal au cœur, aussi-bien que tout ce qui est salé. Le biscuit & la viande cuite la

foit vomir : elle ne peut enfin rien souffrir où il entre de la farine. M. l'Intendant voulut lui faire manger des bic-
gnets, elle n'a pû en goûter par cette
raison. Elle trouve le macaron bon, &
aime l'eau-de-vie, l'appellant un *brûle-*
ventre. Pour l'eau, sa boisson ordinaire,
elle la boit dans un seau, la tirant comme une vache, & étant à genoux. Elle
ne veut point coucher sur des matelats,
le plancher lui suffit. Elle nage fort
bien, & pêche dans le fond des rivières. Elle appelle un filet *debily*, dans le
patois de son païs. Pour dire, bon jour
fille, on dit, selon elle, *yas yas, fioul*,
ajoutant que quand on l'appelloit, on
disoit, *riam riam, fioul ;* c'est ce qui
fait connoître qu'elle commence à entendre la signification des termes François, les interprétant par ceux de son
païs.

Au reste, elle paroît âgée d'environ
18 ans *, étant de moyenne taille, avec

*Il y a sûrement ici une erreur ou d'impres-
sion ou de copiste. On voit par l'extrait de son
baptême en Juin 1732, on ne lui donnoit
qu'onze ans ; & elle devoit paroitre plus formée
qu'une enfant de son âge, son temperament
s'étant fortifié par la vie dure qu'elle menoit,
exposée continuellement aux injures de l'air.
Enfin aujourd'hui en 1754, elle ne paroit pas

le teint un peu bazanné : cependant ſa
peau au haut du bras paroit blanche
auſſi-bien que la gorge ; elle a les yeux
vifs & bleus ; ſon parler eſt clair &
bruſque ; elle paroit avoir de l'eſprit,
car elle apprend aiſément ce qu'on lui
montre ; couſant aſſez proprement. Elle
fait connoitre qu'elle ſçait travailler à la
tapiſſerie au petit point, par la manière
dont elle indique qu'il s'y faut prendre,
en faiſant paſſer l'aiguille de deſſus en
deſſous, & du deſſous en deſſus. La Supérieure de l'Hôpital dit, qu'elle ſçait
bien broder ; ce qu'elle a appris de la
Dame qui en avoit pris ſoin : mais la
Fille ne peut dire dans quel Païs ce pouvoit être, parce qu'elle ne parloit à perſonne, & ne ſortoit point. On l'inſtruit
cependant dans la Religion Chrétienne ;
elle dit qu'elle veut être baptiſée dans le
Paradis terreſtre ; terme dont elle ſe ſert
pour ſignifier nos Egliſes. Les Curés du
voiſinage de Songy lui ont fait com-
prendre par des ſignes, qu'il ne falloit
point grimper ſur les arbres, cela étant
indécent à une fille, auſſi s'en abſtient-
elle préſentement. Le bruit a couru qu'il
y avoit des ordres pour la faire venir à

avoir plus de 33 ou 34 ans, quoiqu'elle ait eu de
longues & de fréquentes maladies,

la Cour ; on ne fait comment elle l'a pû
apprendre ; mais depuis , quand on
vient la voir à l'Hôpital , elle n'ofe prefque paroître , pleure & s'afflige , craignant que ce ne foit pour l'en faire fortir , parce qu'elle s'y plaît fort , & qu'on
a beaucoup d'attention pour elle.

Voilà , Monfieur , tout ce que j'ai pû
favoir fur l'état de cette fille. J'aurai foin
de vous apprendre fes progrès fpirituels,
& la cérémonie de fon Baptême quand
il en fera temps. J'ai l'honneur d'être,&c.

Extrait d'une Lettre fur le même fujet.

DANS le féjour qu'elle a fait au Château & au Village de M. d'Epinoy , on
a obfervé que la fageffe de cette jeune
Fille eft à toute épreuve ; l'argent dont
elle ignore la valeur & peut-être l'ufage,
les ménaces & les careffes n'ont rien pû
fur elle ; l'approche feule d'un homme
qui veut la toucher, lui fait jetter des cris
perçans, & jette dans fes yeux & dans
tout fon maintien un trouble que l'on
ne peut affurement pas imiter.

On trouve que M. l'Intendant a très-
fagement fait de là faire transférer dans
un des Hôpitaux de Châlons, qu'on
nomme la *Renfermerie* , pour être plus

à portée d'approfondir son état & son origine, & pour lui donner l'éducation & les instructions dont elle paroit déja capable.

Avant cette retraite elle étoit beaucoup plus Sauvage : ceux qui l'ont vû courir à la campagne disent, que sa course a quelque chose d'extrêmement singulier ; son pas est court & peu avancé, mais si précipité & redoublé avec tant de vîtesse, qu'elle suivroit l'homme le plus léger, & le meilleur coureur Basque.

Cependant on l'emploie aux ouvrages de la maison ; elle se prête à tout de bonne grace ; rien ne paroit au-dessus de ses forces, ni contre sa volonté, persuadée qu'elle est, qu'il faut qu'elle obéïsse pour aller voir un jour la Sainte Vierge sa mere.

M. l'Archevêque de Vienne passant dernièrement par cette Ville, voulut la voir. Elle fut menée pour cela chez M. l'Intendant par des Sœurs de la maison. Nous vîmes ce jour-là, avec une espéce d'horreur, cette fille manger plus d'une livre & demie de bœuf crud, sans y donner un coup de dent, puis se jetter avec une espéce de fureur sur un lapreau qu'on mit devant elle, qu'elle

dèshabilla en un clin d'œil avec une facilité qui fuppofe un grand ufage, puis
le dévorer en un inftant fans le vuider.
M. l'Archevêque lui fit beaucoup de
queftions auxquelles elle répondit comme elle avoit déja fait à d'autres perfonnes, fans oublier l'avanture d'une
Moreffe, fa compagne de voyage, qu'on
a revûe depuis, mais qu'on n'a pû encore joindre. Les Sœurs dirent que depuis quelque temps on travailloit à la
rapprocher par degrés de notre façon
ordinaire de vivre, malgré l'anthipatie
de fon eftomac pour la viande cuite &
le pain; ce qui la fait vomir jufqu'au
fang. On travaille fingulièrement à lui
apprendre les principes de la Religion,
pour la mettre en état de recevoir le
premier Sacrement.

Fondemens des conjectures qui font juger que Mlle
le Blanc étoit de la nation des Efquimaux,
Sauvages habitans la terre de Labrador, dans
le Nord du Canada.

MADAME Dupleffis de Sainte He- N°. 3.
lène, Parifienne de naiffance, mais Religieufe depuis 46 ans à l'Hôtel-Dieu
de Quebec en Canada, & mon intime

amie, m'a fait un préfent que j'ai reçu
cette année 1752. Ce font plufieurs figures des Sauvages avec lefquels les
François & les Miffionnaires de la nouvelle France ont quelques relations, Ces
figures, dont plufieurs forment des mé-
nages complets, font habillées différem-
ment, chacune felon la mode de leur
nation ; car quoiqu'ils foient préfqu'entièrement nuds chez eux, ils ont
quelques efpèces d'habits ou de cou-
vertures pour leurs jours de Fête ; &
quand ils viennent commercer avec les
Européens. Entre ces figures font celles
des Efquimaux, homme & femme,
portant fon enfant, & avec cela une
ample relation des mœurs de tous.

Les habillemens de peaux de ces Efquimaux, joint à ce que ma Relation
porte de leur païs, figure & mœurs
particuliers, me parut fi reffemblant à
ce que Mlle le Blanc & autres difoient
à fon fujet, que je foupçonnai dans le
moment qu'elle étoit de cette nation.
Pour m'en affurer davantage, je voulus
fonder la nature en elle, & après lui
avoir dit qu'on m'avoit envoyé du Canada plufieurs fortes de figures que je
lui voulois faire voir, je fis apporter
la boëte aux poupées fauvages. A l'ou-

verture, je m'attachai à examiner ses
mouvemens & ce qui frapperoit d'a-
bord ses yeux. Quoiqu'il y en eût plusieurs plus agréables, & bien plus en-
jolivées que celles des Esquimaux, qui
ont à peine figure d'homme, elle porta
tout d'un coup la main sur la femme
Esquimaude, prit ensuite l'homme,
les considéra l'un après l'autre en silen-
ce, non comme ceux à qui quelque
chose paroit nouveau & extraordinaire, mais comme chose qu'ils ont
déja vûe, sans savoir où, & qu'ils cherchent à reconnoitre. La voyant si atten-
tive à ces deux Figures, je lui demandai en riant pour la faire parler, si elle
reconnoissoit là quelqu'un de ses parens;
elle répondit: je n'en sais rien; mais il
me semble avoir vû cela quelque part.
Quoi, repris-je, des hommes & des
femmes bâtis comme ceux-là ? A peu-
près, dit-elle ; mais ils n'avoient pas
de cela : [c'étoit des espèces de mouf-
fles ou gands de peaux qu'ont mes figu-
res] nous n'avions rien dans nos mains,
continua-t-elle, si ce n'est lorsque nous
avions attrapé quelques grosses anguil-
les, ou autres semblables poissons, &
que nous l'avions écorché, nous four-
rions [c'est son terme] nos mains &

nos bras dans la peau , qui s'y colloit
juſqu'au coude. Quels plaiſans habits,
repris-je ! Ceux dont vous avez idée ,
n'étoient-ils pas plus longs que ceux-là ?
[Les miens ne deſcendent qu'environ
à mi-cuiſſe.] Non, ce me ſemble, ré-
pondit-elle ; mais le poil n'étoit pas par-
deſſus, comme à ceux-ci *. Je levai pour
lors quelques figures de mes autres Sauvages , lui faiſant remarquer la bizar-
rerie de leurs pendant d'oreilles. A peine
ôtoit-elle les yeux de deſſus celles qu'elle
tenoit toujours, & qui n'avoient aucun
pendant d'oreilles, pour dire ; oh , les
nôtres n'étoient pas, comme ceux-là ,
ni pendus au bas de l'oreille ; ils prenoient dès le bas & par derrière. Comme je n'ai rien vû dans mes figures, ni
dans mes Relations qui me puiſſe figurer cette différence, & qui ait pû la porter à la faire, j'ai penſé qu'elle ne l'a-
voit faite que ſur un ſouvenir dont l'o-
rigine ne peut être que dans ce qu'elle
a vû dans ſes premières années , &
dont elle n'a plus qu'une idée confuſe :
auſſi , ajouta-t-elle tout de ſuite, au reſte
ce ſont des idées ſi éloignées, qu'il n'y
faut pas compter beaucoup.

   Auſſi ne fut-ce pas ſes paroles qui
* Extrait de Me. Dupleſſis.

fortifièrent le plus mes conjectures ;
mais cet inſtinct où ſentiment naturel
& non refléchi qui la fixa ſur ces deux
figures ſeules , & ne lui laiſſa que de
l'indifférence pour toutes les autres ,
comme ſi la nature lui eût fait ſentir
qu'elles ne lui touchoient pas de ſi près
que celles-ci ; au moins fut-ce l'indu-
ction que je tirai de la diſtinction qu'elle
en faiſoit , & de ces paroles dites fort
naturellement , *nous n'avions rien dans
nos mains* , que la vérité ſeule , quoique
inconnue , lui fit dire.

Non contente de ces premières épreu-
ves , je me fis apporter un petit canot
d'écorce d'arbre , qui m'avoit été envoyé avec les Sauvages , pour me faire
voir ce qui leur tenoit lieu de nos grands
vaiſſeaux pour voyager ſur mer & ſur
les lacs. C'eſt une manière de petite
chaloupe ou flobard fort étroit & comme pincé par les deux bouts , comme
pour mieux couper l'eau de quel côté
qu'il tourne ; la plus grande partie ne
pouvant contenir qu'une perſonne. En
lui faiſant voir celui-ci , long de plus
de deux pieds , je lui demandai ſi elle
connoiſſoit cela : oh oui , dit-elle , j'en
ai bien idée ; mais il me ſemble qu'ils
n'étoient pas tout-à-fait comme celui-

là ; ils étoient comme couverts tout-à-
fait , & il me semble qu'il n'y avoit
qu'un trou au milieu , où on étoit jusqu'au milieu du corps , & qu'on couroit comme cela [figurant le mouvement pour ramer des deux côtés] de
côté & d'autre sans avoir peur. Comme
cette description du canot étoit toute
conforme à celle que Me. Duplessis me
donne du canot des Esquimaux , de laquelle sûrement , Mlle. le Blanc n'avoit
aucune connoissance , je ne doutai plus
qu'elle ne fût de cette nation , & qu'elle
ne tint d'origine la description qu'elle
me fit du canot couvert des Esquimaux.
On en jugera comme moi en lisant les
extraits de mes Relations en l'autre part.

---

*Extrait de la Lettre de Me. Duplessis de Sainte
Helène , à Me. H....t , en date du 30 Octobre
1751, où il est parlé de la nation des Esquimaux.*

N°. 4. **V**ous aurez enfin vos Sauvages cette
année, Madame & très-chère amie, &c.
Les Esquimaux sont les Sauvages des
Sauvages. On voit dans les autres nations des manières humaines quoiqu'ex-
traordinaires ; mais dans ceux-ci tout
est féroce & presque incroyable. Le fort

de leur nation eſt vers la baye d'Hud-
ſon dans le nord ; il y en a ſur les côtes
de la terre de Labrador , (qui confine
ladite baye , & borde une partie du
fleuve St. Laurent) païs extrêmement
froid. Ce ſont des Antropophages qui
mangent les hommes quand ils les peuvent attraper. Ils ſont petits , blancs &
fort gras. Malgré la rigueur du climat ,
ils n'allument preſque jamais de feu ;
on croit qu'ils adorent cet élément. Ils
mangent la viande crue , & leur nourriture plus ordinaire eſt la chair de loups
marins. Ils s'habillent de la peau de ces
animaux ; ils en font auſſi des ſacs où
ils ſerrent pour le mauvais temps pro-
viſion de cette chair coupée par morceaux. Ils ſont auſſi friands de l'huile
qu'on en fait , que les yvrognes le ſont
du vin. Ils ont des trous ſouterrains où
ils ſe fourrent , & y entrent à 4 pattes
comme des bêtes ; & quelquefois l'hy-
ver ils ſe font des cabanes de neige ſur la
glace de quelques bayes, où il y a plus de
cent pieds d'eau ſous eux : ils demeurent
là ſans ſe chauffer, mais ils mettent
double robbe de peaux de loups marins.
Les femmes , qui couſent très-propre-
ment ſe font de petites tuniques de
peaux d'oiſeaux , la plume en dedans ,

qui les échauffe, & d'autres tuniques de
boyeaux d'ours blancs, qu'elles ou-
vrent après les avoir grattés comme
pour faire du boudin ; elles aſſemblent
ces bandes en forme de chemiſes,
qu'elles mettent ſur leur tunique de
peaux, pour que la pluye ne les pénètre
point. Elles mettent leurs petits enfans
dans leur dos, entre la chair & la tunique, en ſorte qu'elles tirent ces pauvres innocens par deſſous le bras, ou
par deſſus l'épaule pour les faire tetter :
elles leur mettent ſeulement une eſpèce
de braye qu'elles changent lorſqu'elles
ſont ſales. Ce qui ſert de culotte aux
hommes n'a point d'ouverture, cela eſt
fait à peu-près comme un tablier de
Braſſeur, mais plus étroit ; ils le lient à
leur ceinture avec une corde. Celle des
femmes eſt ouverte ; & quand elles s'aſ-
ſéyent à terre, leur ſiége ordinaire, elles
tirent la queue de leur habit, qui eſt
longue, entre leurs jambes, par un inſtinct de modeſtie.

Depuis que les Baſques, les Mallouins
& les Négocians François de ce Païs-ci
ont des poſtes établis à Labrador pour
la pêche du Loup marin, les Eſquimaux
les approchent quelquefois, & même
traitent avec eux. Perſonne n'entend leur

Langue ; mais ils sont fort ingénieux
pour se faire entendre par signes. Ils
sont adroits & font eux-mêmes les ou-
tils qui leur sont propres. Ils travaillent
le fer, & passent les peaux. Ils construi-
sent des canots avec des cuirs qui ne
prennent point l'eau, & ils les couvrent
par-dessus de manière qu'il y a au milieu une ouverture comme à une bourse,
dans laquelle un homme seul se met, &
liant à sa ceinture cette espèce de bourse,
prend un aviron à deux pêles, comme
il y en a un ci-joint, & affrontent avec
cela les plus mauvais temps & les poissons les plus forts. Ils ont beau tourner
dans ce canot, ils se retrouvent toujours droits. Ils nagent à droite & à gau-
che également selon la nécessité. Ils font
aussi de petites chaloupes de bois, que
les femmes menent en ramant à recu-
lons comme les matelots.

Quand ils viennent la nuit près les
habitations des François, on fait tirer
sur eux deux ou trois coups de pierriers ;
cela les fait fuïr comme des oiseaux ;
car ils craignent le feu & tous les autres
hommes, c'est ce qui fait qu'ils ne font
point de feu de peur que la lueur ou la
fumée ne les fassent découvrir. Ils ont
mangé autrefois plusieurs de nos Fran-

çois ; mais je sçais de quelques autres ,
qui en ayant été attaqués , s'étoient trou-
vés les plus forts , & en avoient tué
quelques - uns , que pour cacher leur
meurtre, & ne pas s'attirer la vengeance
de cette nation ils avoient jetté ces corps
morts à la mer ; mais que ces hommes
n'enfoncent jamais dans l'eau , mais
flottent dessus comme du liége. On attri-
bue cette propriété à ce qu'ils ne se nour-
rissent que de graisse & d'huile de poissons.

On a pris quelques petites Esquimau-
des que l'on a apprivoisées ici ; j'en ai
vû mourir dans notre Hôpital ; c'étoit
des filles fort gentilles , blanches , propres & bien chrétiennes , qui ne conser-
voient rien de sauvage. Elles parloient
bon François , & quoiqu'elles se plus-
sent dans les maisons où elles demeu-
roient , elles ne vécurent pas long-
temps , non plus que les autres Sauvages qui sont chez les François. On achète
ici ces sortes d'esclaves bien chers , à
cause de la rareté des domestiques , &
l'on n'en est pas mieux , car ils meu-
rent bien-tôt.

Extrait de la Relation du Baron de la Hontan, Officier François, Voyageur dans tout le nord du Canada depuis 1683 jusqu'en 1694. Pag. 6 & suiv. Des Esquimaux.

L A source du Fleuve St. Laurent, &c. N°. 5. Ce Fleuve a 20 ou 22 lieues de large à son embouchure , &c. D'un côté l'Isle percée ; c'est un gros rocher percé à jour..... Les Basques & les Malloüins (ou Normands) y font la pêche de la Morue en temps de paix , &c. De l'autre côté du Fleuve on voit la grande terre de Labrador ou des Esquimaux, qui font des peuples si féroces, qu'on n'a jamais pû les humaniser..... Les Danois font les premiers qui ont découvert cette nation..... Elle est remplie de Ports, de Bayes, où les barques de Quebec ont accoutumé d'aller troquer les peaux de loups marins que leur apportent ces Sauvages pendant l'été....., Voici comment cela se fait.

Dès que ces barques ont mouillé l'anchre ... ces Sauvages viennent dans des petits canots de peaux de Loups marins, qui font cousues ensemble, qui font faits à peu-près comme des navettes de Tisserand, au milieu desquels on voit un trou ... où ils se renferment, assis sur leurs talons au moyen d'une corde. Ils rament de cette manière avec des palettes ... sans se pancher crainte de renverser. Dès qu'ils arrivent ... ils montrent leurs pelleteries au bout de l'aviron, & marquent en même-temps ce qu'ils demandent. . . . Couteaux, poudre, balles, fusils, haches, chaudières, &c. Enfin chacun montre ce qu'il a, & ce qu'il prétend avoir en échange. Le marché conclu, ils reçoivent & donnent au bout d'un bâton. Si ces Sauvages ont la précaution de ne pas entrer dans nos bâtimens, nous avons aussi celle de ne nous pas laisser investir par une trop grande quantité de canots ; car ils ont enlevé assez souvent de petits vaisseaux pendant que les Matelots étoient occupés à manier & remuer les pelleteries & les marchandises. Il faut bien se tenir sur ses gardes avec eux pendant la nuit ; car ils ont des chaloupes qui vont aussi vîte que le vent, & dans lesquelles ils se mettent trente ou quarante hommes. C'est par cette raison que les Malouins qui pê-

chent la morue dans le petit Nord , &
les Espagnols à Portochoua , sont obli-
gés d'armer des barques longues pour
courir la côte & les poursuivre ; car il
n'y a guères d'année qu'ils ne surpren-
nent à terre quelques équipages , &
qu'ils ne les tuent. . . . Il est constant
qu'ils sont plus de trente mille com-
battans ; mais si lâches & si poltrons ,
que 500 Clistinos de la Baye d'Hudson
ont accoûtumé d'en battre cinq ou six
mille. Leur païs est grand , car il s'é-
tend depuis la côte vis-à-vis l'Isle de
Minguan (au nord de l'embouchure du
Fleuve St. Laurent) jusqu'au détroit
d'Hudson. Ils passent tous les jours à
l'Isle de Terre-neuve par le détroit de
Bellisle , qui n'a que sept lieues,

Mémoires de l'Amérique ſeptentrionale,
ou *Suite des Voyages du Baron de la*
Hontan, Tom. II. Pag. 42 & 43,
édition d'Hollande.

Nº. 6. LES Écureuils volans ſont de la groſ-
ſeur d'un gros rat, couleur de gris
blanc. . . . On les appelle volans, parce
qn'ils volent d'un arbre à l'autre par le
moyen d'une certaine peau qui s'étend
en forme d'aîle lorſqu'ils ſont ces petits
vols.

Les Loups marins, que quelques-uns
appellent veaux marins, ſont gros com-
des dogues. Ils ſe tiennent quaſi toujours dans l'eau, ne s'écartent jamais
de la mer. Ces animaux rampent plus
qu'ils ne marchent. . . . Leur tête eſt
faite comme celle d'une Loutre, &
leurs pieds ſans jambes ſont comme la
patte d'une Oye. . . . Ils cherchent les
païs froids, &c.

FIN.

www.ingramcontent.com/pod-product-compliance
Lightning Source LLC
LaVergne TN
LVHW022113080426
835511LV00007B/785

PRIX : 50 CENTIMES.

SIX PORTRAITS DANS CHAQUE VOLUME PAR NADAR

conserver — les couverfures
à leur place

LES BINETTES
CONTEMPORAINES

ÉMILE DE GIRARDIN. — PAUL DE KOCK. — ALEXANDRE DUMAS.
DUMAS FILS. — ROQUEPLAN. — THÉOPHILE GAUTIER.

PAR

JOSEPH CITROUILLARD,

REVUES PAR COMMERSON.

HAVARD, ÉDITEUR, 15, RUE GUÉNÉGAUD.

LES

BINETTES CONTEMPORAINES

PAR

Joseph CITROUILLARD,

Revues par COMMERSON

POUR FAIRE CONCURRENCE A CELLES D'EUGÈNE
(DE MIRECOURT, — VOSGES),

PARIS

GUSTAVE HAVARD, ÉDITEUR,